CONFÉRENCES
DE L'UNION CENTRALE DES BEAUX-ARTS
APPLIQUÉS A L'INDUSTRIE

LES ÉCOLES PUBLIQUES

EN EUROPE

Conférence de M. FELIX NARJOUX

ARCHITECTE DE LA VILLE DE PARIS

6 Février 1877

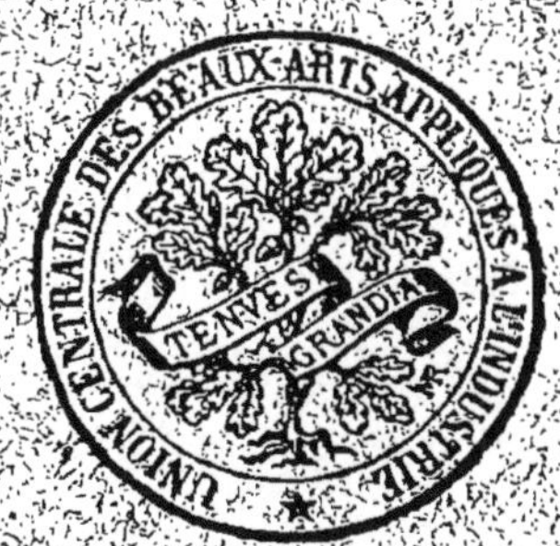

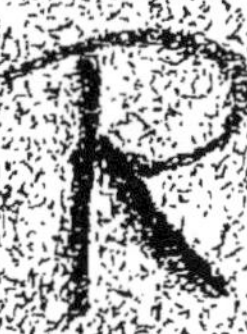

PARIS

LIBRAIRIE CH. DELAGRAVE

15, RUE SOUFFLOT, 15

LES ÉCOLES PUBLIQUES

EN EUROPE

OUVRAGES DU MÊME AUTEUR

ARCHITECTURE COMMUNALE.
MAIRIES. — MAISONS D'ÉCOLE. — SALLES D'ASILE, ETC.
Par **Félix NARJOUX.**

2 vol. grand in-4° jésus, comprenant 150 planches et 15 feuilles de texte.

Prix en carton . . . . **120** francs.

LES ÉCOLES PUBLIQUES
EN FRANCE ET EN ANGLETERRE.
Par **Félix NARJOUX.**

1 vol. grand in-8° de 340 pages de texte, illustrées de 154 figures.

Prix. . . . . **7** fr. **50** c.

LES ÉCOLES PUBLIQUES
EN BELGIQUE, EN HOLLANDE ET EN SUISSE.
Par **Félix NARJOUX.**

1 vol. grand in-8° de 400 pages de texte, illustrées de 212 figures. Sous presse.

NOTES DE VOYAGE D'UN ARCHITECTE,
DANS LE NORD-OUEST DE L'EUROPE.
Par **Félix NARJOUX.**

1 vol. in-8° de 467 pages illustrées de 214 figures intercalées ou tirées a part.

Prix broché . . . . **20** francs.

DE L'UNION CENTRALE DES BEAUX-ARTS

APPLIQUÉS A L'INDUSTRIE

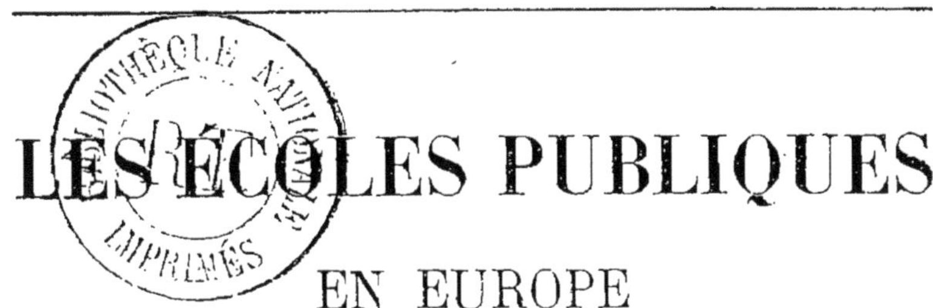

LES ÉCOLES PUBLIQUES

EN EUROPE

Conférence de M. FÉLIX NARJOUX

ARCHITECTE DE LA VILLE DE PARIS

6 Février 1877

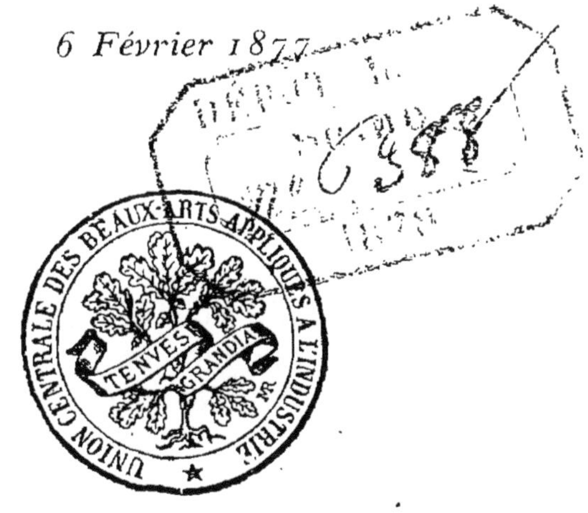

PARIS

LIBRAIRIE CH. DELAGRAVE

15, RUE SOUFFLOT, 15

LES ÉCOLES PUBLIQUES

EN EUROPE

« *Le peuple qui a les meilleures écoles est le premier peuple ; s'il ne l'est pas aujourd'hui, il le sera demain.* »

Cette phrase par laquelle M. Jules Simon commence son livre sur l'École, énonce une si grande vérité, répond si bien à la conviction intime de tous, qu'en ce siècle où chaque peuple de l'Europe voudrait être le premier, la question de l'enseignement populaire est une de celles qui a le plus préoccupé les esprits.

Pour une société en voie de transformation, l'instruction du peuple a une importance excessive ; il faut qu'avant de subir une modification sociale quelconque, un peuple sache penser et raisonner ; il faut qu'il voie où il va, qu'il comprenne ce qu'il demande, et qu'il possède les ressources propres à lui assurer la conservation des biens intellectuels et moraux qu'il veut conquérir.

Le moment n'est plus où la nécessité de créer des écoles avait besoin d'être démontrée ; cette nécessité est aujourd'hui comprise de tous, plus même, peut-être, des riches et des savants que des pauvres et des ignorants. On reconnaît qu'en instruisant un ouvrier, on le rendra plus habile et plus heureux, et on ne pense plus qu'il sera impossible de trouver un manœuvre ou un serviteur parce que tout le monde saura lire et écrire.

Dans une société dont le principe de gouvernement repose sur le suffrage universel, il n'est pas permis à un citoyen de ne pas savoir lire et écrire et d'être ainsi incapable de se former une opinion.

L'instruction ne doit pas être accordée comme un bienfait, il faut la regarder comme un droit qui appartient à tous et dont personne ne peut être frustré.

Vous pensez peut-être, Messieurs, que cette discussion est hors de propos, vous vous dites que ce n'est pas en France, que ce n'est pas de nos jours, avec nos idées modernes, qu'il peut être question de refuser ou de restreindre l'instruction publique.

En effet, on ne conteste à personne le droit de s'instruire, mais on n'accorde pas à tous le moyen de le faire, et l'impossibilité où se trouve un grand nombre d'enfants d'aller à l'école, parce qu'elles sont insuffisantes ou qu'elles n'existent pas, équivaut évidemment à un refus.

Ainsi, actuellement (1), il existe en France 1,500 communes privées de toute espèce d'écoles, et 25,000 des écoles existantes demandent à être reconstruites, agrandies ou réparées, afin d'être appropriées à leur destination. A Paris, à Paris

---

(1) La population de la France est de 36,182,000 habitants sur lesquels 17,500,000 ne savent ni lire ni écrire (recensement de 1872).

même, 30,000 enfants sont privés d'instruction parce que la place leur manque à l'école, et, dans deux arrondissements, les élèves ont près d'un kilomètre à franchir pour arriver à l'école ou à l'asile.

A défaut d'un refus nettement formulé, le père de famille se trouve donc en présence d'une impossibilité matérielle, et, en définitive, le résultat est identique.

Et, cependant, on aurait tort d'accuser l'Administration de négligence et d'abandon ; chacun connaît à cet égard les préoccupations des différents ministres qui se succèdent ; et, pour ne parler que du département de la Seine, grâce aux efforts du Conseil municipal de Paris, 37,000 enfants ont vu, depuis 1871, s'ouvrir pour eux la vie scolaire. Ainsi l'on comptait, en 1871, à Paris 341 écoles et asiles, et 67,500 enfants en restaient exclus. En 1876, Paris possède 382 écoles, et le nombre des enfants qui en est forcément exclu est réduit de moitié.

Maintenant, remarquons l'enchaînement des faits : la France, moins avancée en ceci que l'Allemagne, le Wurtemberg, le duché de Bade, l'Autriche, la Bavière, le Danemark, la Suède, la Suisse, le Portugal, n'a pas encore rendu l'instruction obligatoire ; elle ne peut, en ce moment, réaliser ce progrès, parce qu'elle proclamerait une déception et exigerait une chose impraticable. Comment, en effet, obliger les parents à envoyer leurs enfants à l'école, quand les écoles manquent ou sont insuffisantes ?

La construction d'écoles nouvelles, l'amélioration de celles qui existent, se lient donc intimement au développement de l'instruction populaire, et c'est ce côté de la question qui la rend si utile, si opportune et si intéressante.

La construction, l'installation d'une école semblent, peut-être, un sujet de conférence un peu sec et aride; mais ce sujet nous touche de trop près pour ne pas avoir quelque attrait.

L'enfant se rend à l'école le matin vers huit heures, seul le plus souvent. Il franchit le seuil redouté, pénètre dans une grande salle servant, à la fois, de vestibule, de préau, de vestiaire, de lavabo, de réfectoire, de salle de réunion et de récréation... Si c'est son tour de corvée, c'est-à-dire si, suivant la coutume en usage dans certains établissements, c'est à lui d'assurer la propreté de l'école, il entre bien vite en fonctions, et, aidé de quelques camarades, arrose, balaie, époussette avec plus ou moins de conscience, allume les poêles et prépare les lampes.

Pendant ce temps les élèves s'assemblent dans le préau. En arrivant, chacun suspend sa coiffure, son double vêtement, à un portemanteau au-dessus duquel règne un long rayon destiné aux paniers.

Il fait un froid glacial dans cette grande salle; depuis deux ans, à peine, les préaux des écoles de Paris sont clos; ils étaient auparavant ouverts sur toute une de leurs faces.

Ces enfants, pour la plupart, auraient besoin de se laver les mains et la figure, de se peigner et de se brosser; il y a bien des lavabos là-bas, au fond du préau, mais cette eau froide leur fait peur; puis ils n'ont ni savon, ni serviettes; ils se pelotonnent ou jouent pour se réchauffer en attendant l'heure de la classe.

Dans les campagnes, la situation est autre, il ne faut pas dire meilleure; les enfants ont souvent deux, trois, quatre kilomètres à parcourir pour gagner l'école du chef-lieu de la commune, car les écoles de hameau sont encore bien rares. Pour arriver à l'heure, les pauvres enfants se mettent en route avant le jour; les plus grands prennent la tête, portant une lanterne et des bâtons, et la petite troupe, filles et garçons, fait bravement son chemin. Habitués à vivre au grand air, les enfants de la campagne supportent vaillamment les fatigues physiques, les variations du chaud et du froid; le temps d'école est, pour eux, moins pénible qu'il ne l'est pour les enfants des villes; dans la belle saison, ils ont l'espace, les champs, le salutaire exercice des longues promenades et les fraîches soirées pour se reposer de la chaleur du jour, toutes compensations refusées à l'écolier des villes.

Les Anglais possèdent une sorte d'école que nous ne connaissons pas en France, les ragged schools, *école de déguenillés.* Le nom donne l'idée de la chose, et cependant l'imagination reste certainement au-dessous de la vérité. Il faut avoir vu l'effroyable misère de certains quartiers de Londres, de Birmingham ou de Glascow, pour comprendre la pénible impression que causent ces agglomérations d'enfants demi-vêtus, allant à l'école les pieds nus dans la boue noire et fétide.

En Suisse, en Belgique, en Allemagne, la situation est bien préférable : d'abord les distances à parcourir par les enfants pour aller à l'école, sont en général moindres qu'ailleurs; les écoles sont en plus grand nombre et leur population est plus restreinte. Cette diminution dans la longueur du trajet que l'enfant doit faire chaque jour est une amélioration considérable ; elle empêche l'enfant d'avoir des occasions de vagabondage, lorsqu'il va ou revient seul de l'école, ce qui est le cas le plus fréquent ; elle lui évite de trop longs séjours dans la rue, toujours si pleine de dangers pour lui, et lui permet enfin de venir, au milieu du jour, prendre son repas avec ses parents.

En arrivant à l'école, l'enfant pénètre dans un vestibule chauffé et garni de bancs et, comme en sa qualité d'élève, il n'est à aucun moment assujetti à un office servile tel que le nettoyage de sa classe, il attend dans ce vestibule, dont l'accès est ouvert aux parents, que l'heure du travail ait sonné.

Un maître de service ou le Directeur est là pour le recevoir; il examine sa tenue et regarde ses mains; si le tout n'est pas satisfaisant, l'enfant est envoyé dans la salle des lavabos, et des reproches sont adressés aux parents. En cas de récidive, ceux-ci sont appelés à l'école, et si c'est le besoin qui les empêche de donner à leurs enfants le linge et les vêtements nécessaires, l'administration de l'école y pourvoit à ses frais.

Au lieu d'une grande pièce à destinations multiples comme le sont nos préaux, chaque service différent comporte une division spéciale ; ainsi chaque classe est précédée d'un vestiaire qui lui est propre : l'enfant y dépose son panier, son parapluie, sa coiffure et son vêtement de dessus. Ce vêtement mouillé, cette coiffure humide, il les retrouvera secs et chauds, grâce à des bouches de chaleur percées au pied des murs. En Russie, c'est le mur tout entier dont les parements sont chauffés à l'intérieur.

Les préaux, galeries, cages d'escaliers que traversent constamment les élèves, ont les faces de leurs murs couvertes de dessins et peintures dont les sujets sont propres à éveiller leur attention, à exciter leur intérêt et leur curiosité : souvent ce sont des cartes géographiques, des indications d'objets usuels, une succession de tableaux se reliant l'un à l'autre par une idée commune, une progression régulière ; c'est un grain de blé mis en terre, germant, devenu épi, et la suite des transformations qu'il subit jusqu'au moment où il se change en un beau pain blanc. C'est la toison d'un mouton, d'abord laine, puis tissée, teinte, devenue étoffe, et enfin coupée, taillée, cousue et transformée en vêtement. Ou bien c'est un haut fait historique avec ses préliminaires et ses conséquences. Ces dessins ne sont certes pas des œuvres d'art d'un mérite indiscutable ; c'est, le plus souvent, un simple tracé; la naïveté, la simplicité de l'expression et du rendu en font le principal mérite.

Ces faits, ces détails, ainsi présentés à l'enfant, ainsi exposés chaque jour à ses regards, frappent son esprit et se gravent dans sa mémoire. Le maître donne, à certains jours, des explications développées, fait des récits bien plus faciles à comprendre et à retenir, parce que la trace en a, pour ainsi dire, été rendue matérielle.

Ce procédé n'est pas nouveau, on peut même, sans exagération, dire qu'il est renouvelé des Grecs; les maîtres grecs avaient, en effet, dans les gymnases, recours à l'emploi de bas-reliefs et de statues pour apprendre ou pour rappeler à leurs élèves l'histoire des dieux et des héros : c'était la tradition sculptée précédant la tradition écrite.

Voyons maintenant ce que sont les classes dans lesquelles les enfants vont passer leur journée.

En France, ces classes sont de grandes salles contenant 60, 80 et quelquefois jusqu'à 100 enfants: ce dernier chiffre est, il est vrai, l'exception. Un seul maître surveille et enseigne tout ce petit monde; on peut penser s'il a à faire, si sa patience est mise à une rude épreuve, et s'il peut, dans de telles conditions, assurer de rapides progrès à ses élèves.

Les murs restent nus ou bien sont ornés de tableaux mobiles fixés sur des feuilles de carton, que font gondoler, en tous sens, l'humidité ou la chaleur.

Les fenêtres sont percées à 1^m,50 au-dessus du plancher, afin d'intercepter aux enfants la vue de l'extérieur.

La chaire du maître est un monument et occupe l'axe du fond de la classe.

Le poêle est dans un angle, avec un long tuyau noir qui suit le plafond et sent mauvais.

Les élèves sont assis sur des bancs sans dossiers à 4, 5 ou 6 places, les grands à côté des petits, sans aucune distinction.

En Angleterre (1), les écoles publiques se divisent, d'après le mode d'enseignement qui y est suivi, en écoles dites Prussiennes et en écoles dites Anglaises. La raison de la première dénomination appliquée à des écoles disposées comme le sont les nôtres, n'est pas connue, et je n'ai jamais, à cet égard, obtenu de réponse satisfaisante.

Quant aux écoles dites Anglaises, elles se rapprochent de ce qu'étaient nos écoles mutuelles d'autrefois. Les élèves y sont distribués par divisions, de 100, par exemple, réunis tous dans la même salle. Cette division est dirigée par un maître (teacher) et comprend 5 groupes de chacun 20 élèves, ayant à leur tête un élève-maître (pupil teacher). Le maître en chef (head teacher) réunit sous sa direction les différentes divisions de l'école. Les groupes sont séparés entre eux au moyen d'une tenture ou d'une cloison mobile. Chaque élève-

---

(1) Les Écoles publiques en France et en Angleterre, par Félix Narjoux. Paris, 1877.

2*

maître se tient debout devant son groupe, chaque maître devant sa division, et le maître en chef va d'une division, d'un groupe à l'autre. Quand le maître fait une leçon commune pour toute la division, les tentures se relèvent ou les cloisons disparaissent.

En Allemagne, les classes diffèrent des nôtres par une meilleure installation, par des dimensions plus restreintes et le moins grand nombre d'élèves qu'elles contiennent, nombre qui dépasse rarement 20 ou 30. Le nombre et la dimension des fenêtres sont mathématiquement calculés d'après le nombre d'élèves. Ceux-ci occupent des bancs à deux places.

On sait quel développement la myopie a pris en Allemagne; afin, non pas de remédier au mal, ce qui ne paraît guère facile, mais de le prévenir, un médecin spécial vient chaque mois s'assurer de l'état des yeux de tous les élèves et, suivant ce qu'il croit utile, il éloigne ou rapproche les enfants du tableau, du maître ou des fenêtres, sans tenir compte d'autres considérations que de celle de préserver ou d'améliorer leur vue. Toute école contient, en outre, une salle de dimensions suffisantes pour pouvoir réunir tous les élèves et leur faire une leçon commune; il ne faut pas confondre les salles de ce genre avec les salles de fêtes des écoles suisses, dont nous parlerons tout à l'heure; leur but est tout autre; elles sont destinées au travail et non au plaisir.

La Hollande a conservé les écoles mixtes, c'est-à-dire les écoles qui réunissent garçons et filles dans la même salle, avec le même maître; car ce sont des maîtres qui leur font la leçon; on est habitué à voir un jeune ou un vieux maître s'asseoir à côté d'une jeune fille, corriger ses devoirs ou lui infliger une punition, le tout avec un calme, un flegme inaltérable. Ceci est une affaire de climat et de tempérament; mais les avantages de ce système qui choque nos usages sont encore maintenant très-sérieusement préconisés. Ainsi, au Congrès général des instituteurs, tenu l'année dernière en Belgique, l'assemblée a conclu en demandant que « des écoles primaires mixtes remplacent les écoles réservées exclusivement à l'un ou à l'autre sexe ». Les classes des écoles hollandaises contiennent jusqu'à 200 enfants, le plus souvent séparés par groupes au moyen de cloisons vitrées. Il faut aussi ajouter que les écoles catholiques congréganistes n'admettent pas la réunion des deux sexes.

En Belgique et en Suisse (1) on rencontre un nouveau type d'écoles dans lesquelles les classes, tout en se rapprochant des nôtres, sont disposées d'une autre façon. Un grand vestibule ou cour centrale occupe le milieu du bâtiment et monte à toute hauteur entouré d'une galerie à chaque étage. Cette salle qui rappelle un peu nos préaux, mais qui n'en a pas la destination multiple, ne

(1) Les Écoles publiques en Belgique, en Hollande et en Suisse, par Félix Narjoux.

sert en réalité que de vestibule à toutes les classes; on y parvient directement de l'extérieur; on y trouve, outre les portes des différentes classes, l'escalier, les lavabos, privés et vestiaires.

Les classes des écoles de tous pays ont naturellement une surface en rapport avec le nombre d'élèves qu'elles doivent contenir; mais la proportion qui sert de base au calcul de répartition n'est pas la même partout. Ainsi, tandis qu'en France où le mobilier encore en usage se compose de bancs à 4 et 5 places, la surface accordée à chaque élève est, y compris passages et estrade du maître, de $0^m,90$ à $1^m,00$; en Suisse et en Allemagne, où les bancs à deux places sont généralement adoptés, les élèves occupent $1^m,25$, $1^m,50$ et jusqu'à près de $2^m,00$; en Belgique et en Suède, les classes qui ont essayé des bancs à une place laissent à leurs élèves $1^m,60$ et $1^m,70$; enfin en Angleterre, si on tient compte de la grande surface nécessaire aux maîtres et aux élèves-maîtres, en même temps qu'aux mouvements des élèves, on trouve que chacun d'eux occupe près de $2^m,00$.

Nous ne voulons pas étudier les divers éléments dont se compose une classe; il faudrait pour cela entrer dans des détails trop techniques, trop spéciaux et surtout trop longs; mais, afin de rendre sensibles les conditions auxquelles doit satisfaire une classe, nous examinerons deux des points les plus importants : l'éclairage et la ventilation.

1º L'éclairage a lieu par les fenêtres ; il ne faut donc abandonner au hasard ni leurs formes ni leurs dimensions. Certains constructeurs, préoccupés avant tout de l'effet qu'ils attendent de la façade, donnent aux fenêtres de leurs écoles une forme circulaire ou ogivale. Sans discuter ici la question de savoir si, à l'extérieur, le résultat répond à leur attente, il suffira, pour que les dispositions de ce genre soient condamnées d'une façon absolue, de constater que le jour est d'autant meilleur, l'air d'autant plus pur, qu'ils arrivent de plus haut dans une salle. Ce qu'il faut appliquer, ce n'est donc pas une forme diminuant la surface des fenêtres à l'endroit où son importance a le plus d'intérêt ; ce qu'il faudrait chercher, au contraire, ce serait une forme augmentant cette surface. Il convient, par conséquent, d'admettre en principe que les fenêtres d'une classe doivent être rectangulaires et que leur linteau doit être remonté le plus près possible du plafond. Mais il ne suffit pas de savoir à quelle hauteur il est nécessaire de faire monter les fenêtres, il faut encore savoir jusqu'où elles peuvent descendre. A cet égard, les avis sont partagés. En général, l'appui des fenêtres de nos écoles est placé au dessus du plancher à une hauteur ne permettant pas aux enfants de voir ce qui se passe au dehors. Ils sont ainsi à l'abri des distractions occasionnées par la vue des choses extérieures, ce qui est un avantage ; mais, en revanche, il est incontestable que l'ennui dont cet emprisonnement est la conséquence forcée, doit compenser, et

3*

au delà, le surcroît d'attention qu'on s'efforce d'obtenir.

Un jour, nous visitions une petite école belge de la vallée de la Meuse : c'était un très-modeste établissement composé de deux classes. Voyant la première éclairée par deux grandes fenêtres qui atteignaient le plafond et touchaient presque le sol, je demandai au maître la raison d'une si grave infraction aux règlements scolaires. « Je ne crois pas du tout, me répondit-il, que renfermer des enfants entre quatre murs soit un moyen efficace d'augmenter leur assiduité au travail et d'exciter leur attention ; si, à force de précautions, on parvient à leur cacher ce qui se passe dans la rue, peut-on les empêcher d'entendre? et alors ceux dont la curiosité est satisfaite par un simple coup d'œil n'éprouvent-ils pas une distraction plus courte que ceux dont la curiosité ne peut être satisfaite et est éveillée par un bruit qui arrive à eux, les inquiète, et dont ils ne peuvent trouver la cause?» Au même instant, une violente rumeur se fit entendre sur le chemin ; immédiatement tous les élèves de la classe aux fenêtres hautes étaient debout sur leurs bancs, grimpaient les uns sur les autres, s'accrochant à la fenêtre pour regarder au dehors. Il fallut un long temps, bien des objurgations et des paroles sévères pour que tout rentrât dans l'ordre. Quant aux élèves de la classe aux fenêtres basses, il leur avait suffi de tourner la tête pour voir un charretier fouetter son cheval ; et l'esprit désormais tranquille, ils s'étaient remis au travail.

Nous vous livrons pour ce qu'il vaut le fruit de notre expérience, mais il est incontestable que dans une école rurale, la vue de la campagne, du ciel, d'un riant paysage, l'aspect des scènes champêtres ou la vue des grands mouvements de la nature peuvent et doivent être pour un maître intelligent l'objet d'une foule de leçons familières, de récits instructifs dont les élèves tirent certainement plus de profit que d'une leçon longuement apprise par cœur.

Quant à travailler renfermé entre quatre murs, chacun peut essayer de cette méthode pour son compte et peut-être n'aura-t-il plus ensuite envie de l'imposer à ses enfants.

Le jour doit venir à la gauche de celui qui travaille; s'il venait à sa droite, l'ombre de sa main, portée sur le papier, le gênerait pour écrire; s'il venait en face, il l'aveuglerait; s'il venait par derrière, il ne l'éclairerait pas. Les avantages de l'éclairage unilatéral gauche, récemment mis en évidence en Angleterre par le savant Dr Liebreicht, ne sont plus aujourd'hui en discussion; mais cependant, dans le cas d'une classe très-vaste, très-large, contenant un grand nombre d'élèves, il vaut mieux sacrifier le principe de l'éclairage unilatéral et assurer l'éclairage de la classe au moyen de fenêtres percées à gauche et en arrière des élèves, plutôt que de laisser la classe insuffisamment éclairée. Dans les classes de très-jeunes enfants, le peu d'importance de leurs occupations, la lecture et un peu d'écriture, diminue considérablement l'intérêt du mode d'éclairage, et les classes de ce genre peuvent toujours, avec avantage, être éclairées sur deux faces.

C'est par la surface vitrée des fenêtres que se fait l'éclairage; il existe donc une corrélation évidente entre cette surface vitrée et la surface de la classe, et, par conséquent, entre le nombre des élèves qu'elle peut contenir. Ce côté de la question est, dans nos écoles, laissé à l'appréciation de chaque constructeur. Un médecin de Berlin indique comme résultat de ses relevés comparatifs dans les diverses écoles allemandes, une surface vitrée de $0^m,60$ comme étant nécessaire par élève; cela ferait, pour une classe de 100 élèves, par exemple, une surface vitrée de $60^m,00$, ce qui paraît excessif. Un moyen empirique usité en Allemagne pour se rendre compte de la surface vitrée nécessaire à une classe, est de la calculer en lui donnant le quart ou le cinquième au moins de la surface totale du sol de la classe.

La disposition des châssis en menuiserie n'est pas non plus indifférente au bon fonctionnement des fenêtres. Ces châssis sont d'une variété infinie : tous ont leur mérite, mais tous aussi ont leurs défauts, et ces derniers, hélas! sont en bien plus grand nombre que les premiers. Je ne citerai que ceux en usage dans certaines écoles anglaises. Les lames d'une persienne peuvent donner idée du système général; seulement ces lames sont de grands châssis munis de glaces et mobiles à leur base au moyen d'une tringle métallique qui les ouvre et les ferme à volonté. L'air arrive donc toujours en suivant la direction de bas en haut;

il suit les parements du plafond et ne frappe jamais directement sur la tête des enfants.

Il ne faut pas oublier que, pendant les jours d'été, le soleil devient souvent une véritable gêne pour les élèves renfermés dans une classe. C'est en Autriche qu'on rencontre le plus ingénieux moyen de parer à cet inconvénient : les volets, les stores, les rideaux ordinaires sont remplacés par des rideaux enroulés, non à la partie supérieure, mais à la partie inférieure de la fenêtre ; ils se développent au moyen d'un ressort, ou au moyen d'un câble, par un mouvement analogue à celui en usage dans les rideaux de wagon ; seulement ils montent au lieu de descendre, et laissent ainsi, toujours libre, le jour de haut ; en outre, ils permettent au maître de suppléer au manque de hauteur de l'appui de la fenêtre, s'il veut, à un moment donné, masquer à ses élèves la vue du dehors.

2º La ventilation est une opération qui a pour objet le renouvellement de l'air d'un espace clos. Le chauffage, lui, a pour but l'élévation de sa température. Ces deux opérations qui sont connexes ont, depuis longtemps déjà, donné lieu à des études très-nombreuses et très-variées ; mais comme leurs auteurs n'étaient pas d'accord sur le point de départ, ils n'ont obtenu la solution désirée que d'une façon très-approximative.

Ainsi on a bien longtemps admis que l'air vicié, étant plus chaud que l'air pur, était par cela plus léger et devait par conséquent s'élever ; on a donc cherché à s'en débarrasser par la partie supérieure, c'est-à-dire par le plafond de la salle qui le contenait. Cette manière d'agir a été suivie jusqu'au jour assez rapproché de nous où des hommes spéciaux très-autorisés, non moins autorisés que ceux qui, auparavant, avaient décidé le contraire, établirent que l'air vicié, étant chargé de miasmes et de corps étrangers, devait forcément être plus lourd que l'air pur; que c'était donc par les parties inférieures qu'on devait l'expulser: on s'est alors empressé de boucher les ouvertures du plafond, et de pratiquer de nouveaux orifices d'évacuation dans le parquet. Le respect dû à la vérité nous oblige à dire que des salles ventilées par l'un ou l'autre de ces systèmes se trouvent dans une situation identique; mais comme les savants qui, de nos jours, se sont occupés de cette question, pas plus que ceux qui s'en sont occupés précédemment, ne peuvent avoir commis d'erreur, il est juste de reconnaître que la salubrité d'une salle dépend, quelque parfaitement ventilée qu'elle soit d'ailleurs, de bien des conditions, telles que sa bonne tenue, son nettoyage, son balayage, son aération et la propreté des élèves; peut-être même, si ces conditions se trouvaient convenablement remplies, le choix du mode de ventilation n'offrirait-il plus alors qu'un intérêt secondaire.

Un récent ouvrage d'hygiène prescrit, comme moyen propre à assurer la ventilation, « de pratiquer au sommet des murs de la classe des ouvertures multipliées d'un diamètre convenable, et d'en percer d'autres au niveau du

plancher; celles du bas, dit l'auteur, donneront
entrée à l'air pur, celles d'en haut serviront d'is-
sue à l'air vicié ». Ce système, on le comprend,
est d'une excessive simplicité et repose uniquement sur le bon vouloir de l'air pur et sur
celui de l'air vicié, que la force du raisonnement,
sans doute, obligera à opérer la manœuvre nécessaire.

Un maître d'école de Hambourg auquel nous
demandions un jour comment il ventilait sa classe,
se contenta, pour réponse, d'aller ouvrir une
fenêtre; ce brave homme confondait aération avec
ventilation. Mais il avait réfléchi et savait que
dans la plupart des cas il suffit, pour qu'une classe
soit salubre, exempte de cette odeur qu'on retrouve
dans toute école, si bien qu'on la croit faire partie
intégrante de tous les établissements scolaires, de
tenir chaque classe en parfait état de propreté,
de la balayer, de l'épousseter avec soin, de sup-
primer les dépôts d'habits et de provisions qui
s'y font parfois, d'exiger que les enfants aient le
corps et les vêtements propres, et, enfin... d'ouvrir les fenêtres dès que la leçon est interrompue
et que les élèves sont dehors.

On s'étonnera peut-être que des précautions si
simples, si faciles et si importantes soient presque
toujours négligées; cela tient à plusieurs causes :
d'abord à ce que la plupart des écoles n'ont pas
d'agents, de serviteurs spécialement et uniquement
chargés d'assurer le bon état des salles; qu'aus-
sitôt la classe finie, maîtres et élèves se hâtent de
partir sans souci du lendemain, à ce point que

souvent, pendant toute la durée des vacances, les fenêtres des classes restent fermées.

Un médecin allemand qui a approfondi dans tous leurs détails les questions de ce genre, explique que la négligence apportée par les maîtres à assurer l'aération de leurs classes, provient de ce qu'habitués à cette odeur fade et nauséabonde, ils n'en ont plus l'odorat blessé, et même, ajoute-t-il, elle ne déplaît pas à quelques-uns.

Les différents systèmes de ventilation fonctionnent tous en général dans les mêmes conditions : l'air vicié est évacué au moyen d'orifices ménagés à la hauteur du comble, de façon à former une gaîne unique traversée par le tuyau de fumée des appareils de chauffage, dont la chaleur détermine l'aspiration nécessaire. Cette disposition est très simple, mais son fonctionnement est assuré par l'action du calorique développé par le tuyau de fumée; or, comme les appareils de chauffage ne sont pas allumés les deux tiers de l'année, environ, il n'y a pas de ventilation pendant tout ce temps. On peut remédier, il est vrai, à l'inaction des tuyaux de fumée, en employant un foyer à combustion lente ou un appareil à gaz; seulement il n'y a pas d'exemple que des maîtres aient eu le soin d'allumer le foyer ou les becs de gaz. Cette précaution donne donc des résultats parfaitement illusoires.

La seule ventilation vraiment efficace est la ventilation artificielle obtenue au moyen d'une machine à vapeur installée dans le sous-sol de la construction, et comprimant l'air à l'intérieur d'un réservoir.

Des conduites analogues à celles employées pour la distribution du gaz et de l'eau mettent ce réservoir en communication avec les salles à ventiler; il suffit alors de presser un bouton, de tourner un robinet pour faire arriver, à un point déterminé, la masse d'air frais nécessaire; la force d'expansion de cet air établit un courant qui repousse l'air vicié dans les conduits d'évacuation, d'où il est expulsé au dehors. Ce système est, on le conçoit, d'une installation, d'un entretien et d'une mise en service coûteux : aussi son emploi est-il, malheureusement, très-restreint, et on n'en trouve d'exemples que dans quelques écoles d'Allemagne et de Suisse.

Les systèmes de chauffage sont encore plus nombreux que les systèmes de ventilation; on chauffe les écoles au moyen de l'air chaud, de l'eau chaude ou de la vapeur. Les appareils sont fixes, placés en caves, ou mobiles et placés à l'intérieur des salles; ils sont uniques pour toute une école ou distincts pour chaque classe; ils sont à enveloppe métallique, à enveloppe de briques ou à enveloppe de faïence; ils se chargent par le haut ou par le bas; ils ont des tuyaux de fumée apparents ou des tuyaux dissimulés dans l'épaisseur des murs, etc.

Ce serait, on le voit, un long travail que de donner une idée, même très-approximative, de la valeur et du mode d'emploi de tous ces appareils; on a écrit, à ce sujet, de trop gros volumes pour qu'il soit possible de les résumer.

La classe est l'élément principal de l'école; c'est le pivot autour duquel rayonnent tous les autres services destinés à en assurer et à en compléter le fonctionnement régulier : aussi avons-nous beaucoup insisté sur les dispositions principales qu'il convenait de lui donner et sur les conditions qu'elle avait à remplir. Mais la classe n'est pas toute l'école; certains services annexes, quoique moins importants, ne doivent cependant pas être négligés. Les principaux sont : à l'intérieur, les salles de dessin, l'ouvroir, les salles de travail professionnel, la salle des fêtes et le logement des maîtres; à l'extérieur, les cours de récréation, le gymnase et, enfin, un dernier point qu'il ne faut pas négliger, la forme donnée aux façades. Nous allons, très-rapidement, passer en revue chacune de ces parties.

La salle de dessin est une vaste pièce éclairée sur une ou deux faces, souvent aussi sur le comble, quand la chose est possible, et meublée de tables de diverses formes propres à faciliter le travail des élèves dessinant d'après la bosse, copiant un modèle, un ornement, ou faisant des tracés géométriques; car l'enseignement du dessin dans les écoles primaires comprend ces diverses branches.

L'art du dessin est surtout un art de raisonnement et de réflexion; avant d'apprendre à dessiner, il faut apprendre à voir ou, mieux, il faut voir avant de dessiner; celui-là seulement saura dessiner qui, le crayon à la main, verra

se produire devant ses yeux la forme qu'il veut
tracer et pourra suivre ainsi le contour qu'il a
dans l'esprit. Est-ce bien pendant le temps de son
séjour à l'école primaire que l'enfant est apte à
se livrer au travail intellectuel nécessaire pour
pouvoir dessiner? L'âge scolaire commence à six
ans et finit à quatorze; mais, à partir de douze
ans, plus de la moitié des enfants a quitté l'école,
et, avant neuf ans, leur intelligence, incomplète-
ment formée, ne peut répondre à ce qu'on
attend d'elle. L'âge scolaire ne s'étend donc, en
réalité, pour la très-grande majorité des enfants,
que de neuf à douze ans, soit trois ans, pendant
lesquels l'enfant a, par semaine, une ou deux
leçons d'une heure. Le résultat est, on le comprend, nul ou à peu près. Voilà pour les écoles
de garçons.

Les écoles de filles, elles aussi, ont des salles
de dessin; les maîtresses qui les dirigent s'effor-
cent d'inspirer à leurs élèves le désir d'apprendre
et sont très-fières de pouvoir, aux expositions
annuelles, montrer une longue série de nez et d'o-
reilles exécutés dans leur classe; elles sont bien
plus fières encore quand leurs plus anciennes
élèves en arrivent à pouvoir décorer un plat ou
un éventail. C'est, certes, là le plus mauvais service qu'on puisse rendre à une jeune fille de la
classe ouvrière; c'est la tromper sur sa voie et
lui réserver pour l'avenir les plus cruelles et les
plus amères déceptions. La pauvre enfant s'imagi-
nera bien vite qu'elle est une artiste, se trouvera
déclassée, méconnue, et quand le moment se r

venu pour elle d'épouser un brave ouvrier dont elle devra partager la rude existence, le courage lui manquera, et elle cherchera ailleurs les satisfactions qu'elle se croit en droit d'exiger.

Dans certaines écoles de filles du Nord, dites Écoles réelles ou pratiques, l'enseignement de la peinture sur porcelaine, de la décoration, des éventails, a été supprimé; on apprend aux filles à coudre, à tailler une robe, à raccommoder leurs vêtements; dans d'autres on leur apprend même à faire la cuisine, non pour en faire des cuisinières, mais pour qu'elles sachent, plus tard, préparer les repas de leur famille d'une façon économique et agréable.

La couture, le raccommodage des vêtements, la science du ménage, voilà ce qui, pour les filles de la classe ouvrière, est préférable à l'enseignement du dessin. Quelles ressources pour elles, pour leurs familles, dans le présent et dans l'avenir !

M. Merruau, dans ses *Souvenirs* sur l'administration de la ville de Paris, raconte que vers 1852 on entreprit de doter toutes les écoles municipales d'une classe de chant, de même qu'aujourd'hui on les dote d'une classe de dessin. On voulait ainsi développer le goût de la musique dans la classe ouvrière, donner un emploi utile au temps consacré au cabaret. L'organisation de cet enseignement était confiée à un directeur, à un sous-directeur et à quarante répétiteurs. Une commission de membres de l'Institut était chargée de la surveillance. La chose était donc bien sérieuse et, coïncidence au moins imprévue, — il ne faut pas dire résultat, — c'est de cette époque que date la prospérité excessive obtenue par les petits théâtres et les cafés-concerts.

L'enseignement du dessin est donc un danger pour les filles des écoles primaires, et il ne faudrait le donner aux garçons que dans des conditions propres à faire apprécier leurs dispositions naturelles.

L'enseignement du dessin ne peut être utilement donné qu'à l'école professionnelle; c'est là seulement que l'enfant est en âge de comprendre et de raisonner, qu'il montre ses véritables aptitudes et laisse reconnaître la direction qui doit leur être imprimée. Un statuaire d'un grand talent disait un jour: « Ce n'est pas à encourager les artistes, c'est à les décourager que l'Administration des beaux-arts devrait employer ses efforts ». Certes, c'est là un paradoxe, mais cependant on ne peut que l'approuver en lui restituant le sens que lui donnait son auteur, voulant, ainsi, faire comprendre le danger qu'il y avait à développer certaines idées, certaines tendances chez des individus incomplétement doués et qui, dirigés dans un autre sens, pourraient certainement devenir des citoyens bons et utiles.

Les salles de travail professionnel, si en faveur dans les écoles suisses et allemandes et que nous connaissons à peine, servent à réunir les plus grands élèves, ceux qui sont arrivés à leur dernière année d'études; ils y reçoivent des leçons d'enseignement professionnel. Ce n'est pas un apprentissage qu'on leur fait commencer; il ne s'agit pas de leur apprendre un métier, mais seulement de s'assurer de celui pour lequel ils ont le plus de dispositions, de celui que leur nature physique et morale les rend le plus propres à remplir. Quand un enfant sort de l'école primaire, il est placé en apprentissage et commence à apprendre un métier; si ce métier lui plaît et convient à ses aptitudes, il reste chez son patron, se perfectionne et devient ouvrier. Mais, bien souvent, l'enfant s'est trompé dans son choix, le père dans ses désirs; l'enfant n'a pas de goût pour être bijoutier, mais il aurait fait un excellent mécanicien; il change de patron, c'est un an ou deux perdus dans un apprentissage inutile; en outre, si cette seconde tentative n'a pas plus de succès que la première, l'âge vient, puis la conscription; le jeune garçon se décourage, et il n'a pas entre les mains le moyen de gagner sa vie. Les salles de travail professionnel sont là pour aider l'enfant à manifester son goût, à prouver ses aptitudes; guidé par son maître, il fait un premier choix, peut le modifier ensuite si une autre carrière lui semble préférable; mais le jour où il quitte l'école, il sait ce qu'il veut, ce qu'il doit faire, et va directement frapper à la porte de l'atelier qui lui convient.

L'enseignement professionnel à l'école primaire n'est pas de longue durée; les élèves des deux dernières années, seuls, y prennent part; ils travaillent dans les salles peu de temps chaque jour;

c'est à eux que l'enseignement du dessin peut être utile et profitable, mais à la condition toutefois d'y consacrer le temps nécessaire.

Les salles de fêtes ou d'assemblées que renferment les écoles de Suisse et d'Allemagne ont, comme leur nom l'indique, un tout autre but que les salles qui précèdent. Elles servent à réunir tous ceux des élèves qui l'ont mérité par leur application ou leur bonne conduite, et à les faire assister à une fête en rapport avec leur âge: c'est une lecture, une séance de musique, un spectacle enfantin. Assister à ces fêtes constitue, pour les élèves, une récompense qui excite singulièrement leur émulation et leur désir de bien faire; ils y viennent à certains jours accompagnés de leurs parents; c'est pour tous une joie de famille en même temps qu'une satisfaction d'amour-propre.

Les salles de fêtes occupent, en général, l'étage supérieur de l'édifice; elles ont de vastes proportions et sont décorées avec un luxe qui étonne au premier abord. Les murs sont recouverts de peintures rappelant les grands faits de l'histoire locale; des colonnes de marbre ou de stuc soutiennent un plafond à caissons dorés. Le plafond est parfois remplacé par une voûte en bois décorée et peinte, dont les combinaisons se prêtent aux dispositions les plus originales. Le vestibule est aussi richement décoré que la salle elle-même. L'escalier est à double révolution, ses marches, sa balustrade sont en pierre polie; tout contribue à faire de cette partie de l'école une chose à part et réservée. Afin de conserver intacte l'impression qu'elle est destinée à produire sur leur esprit, on n'y laisse pénétrer les enfants que les jours de fête; leur jeune imagination exagère les merveilles de cette salle qu'ils n'ont fait qu'entrevoir; ils savent que leur travail seul leur donnera le droit de gravir avec leurs parents ce splendide escalier d'honneur, de pénétrer dans cette salle brillamment éclairée, et ils redoublent d'efforts et de bonne volonté afin d'atteindre ce but tant désiré.

Une autre innovation spéciale aux écoles du Nord est le Musée scolaire. Il ne faut pas, par cette désignation, entendre la collection du matériel pédagogique, ni celle des instruments nécessaires à l'enseignement. Le musée scolaire est une réunion d'objets trouvés, fournis ou confectionnés par les élèves. A la suite des promenades faites avec leurs maîtres, ils rapportent des pierres, des coquillages, des insectes, des plantes, qu'ils classent avec soin et qui forment les éléments de leur musée.

Les plus adroits confectionnent, dans les salles de travail professionnel, des modèles de toutes sortes, en bois, en fer, en pierre ou en plâtre; les parents les aident et complètent leur travail; chaque œuvre porte le nom de son auteur. La tradition de l'école va d'une génération à l'autre et inspire à tous le désir bien naturel de faire mieux et plus que leurs devanciers.

Le Musée scolaire contient encore les modèles

des animaux nuisibles ou utiles qui existent dans la contrée; quand un insecte nuisible à l'agriculture, un nouvel ennemi de la pomme de terre ou de la vigne fait son apparition, vite un modèle de la grandeur réelle de l'animal est envoyé à toutes les écoles et prend place au Musée scolaire, afin que dans leurs excursions aux champs élèves et maîtres puissent le reconnaître et le détruire.

Il nous reste à parler des logements des maîtres, pour en avoir fini avec les grandes divisions intérieures de l'école.

L'Angleterre, l'Allemagne, la Suisse, ne logent à l'intérieur aucun maître, aucun directeur de leurs écoles primaires urbaines. La Hollande et la Belgique logent un directeur, mais cette disposition n'est pas générale et tend à disparaître. La France loge en principe le directeur et les adjoints de chaque école.

On comprend très-bien que, dans les écoles rurales, les maîtres soient logés à l'école; la difficulté de leur trouver un logement convenable dans le village, la nécessité d'avoir un gardien à l'école, laquelle, presque toujours, renferme en même temps la mairie, justifient cette disposition. Mais, en revanche, on ne peut reconnaître les avantages et l'utilité qu'elle offre aux écoles urbaines. Dans ces dernières, les élèves arrivent le matin et s'en vont le soir; du soir au matin, l'école reste donc vide; il n'y a, par conséquent, aucun rapprochement possible à établir entre une école primaire et les autres établissements d'instruction.

La Belgique, qui loge ses maîtres, ne veut pas, même dans les écoles rurales, que le logement ait aucune communication avec l'école ; le maître doit sortir de chez lui pour aller faire sa classe. On a ainsi voulu remédier aux graves inconvénients qu'entraîne cet abus du logement : maîtres retirés dans leurs appartements aux heures des leçons, élèves chargés du ménage de leurs maîtres, devenant ainsi leurs domestiques ; toute une école témoin de querelles intestines qui ne doivent pas sortir de l'enceinte du foyer, de détails intérieurs de scènes intimes qui font perdre au maître le respect dont il a si grand besoin aux yeux de tous.

Quant à la dépense, et c'est là un grave abus sur lequel il faut insister, voici ce qu'elle est : un groupe scolaire complet semblable à celui de nos grandes villes, c'est-à-dire composé d'une école de garçons, d'une école de filles et d'un asile, concontient sept logements. A cause des mesures spéciales dont l'emploi est nécessaire afin de prévoir, dès les fondations, une distribution en logements de l'étage supérieur, mesures inutiles aux étages intermédiaires, la dépense de ces logements s'élève du cinquième au quart environ de la dépense totale : en sorte que, quand on construit cinq écoles avec logements, on pourrait en construire une de plus, ce qui vaut la peine d'être pris en considération.

Un seul logement est nécessaire dans une école, c'est celui d'un gardien qu'on chargerait de l'accomplissement de tous les soins de propreté concernant le balayage, le nettoyage, l'ouverture des fenêtres, l'allumage des poêles, l'arrosage des cours, etc. C'est là un progrès dont certainement la réalisation est proche, et chacun s'étonnera alors qu'il se soit fait aussi longtemps attendre. Il faudra, bien entendu, proportionnellement augmenter le traitement des maîtres et leur réserver à l'intérieur de l'école une petite salle qui sera exclusivement consacrée à leur usage.

Les seuls services extérieurs dont nous veuillons dire quelques mots sont les cours de récréation couvertes et découvertes et les gymnases.

Les cours de récréation forment le complément indispensable de toute école. A la campagne, on laisse souvent les enfants jouer sur le chemin, la chose est certainement mauvaise; mais dans les villes elle serait déplorable si, en outre, la plupart du temps, elle n'était impraticable. Chaque école doit donc être pourvue d'une cour de récréation, et ce besoin est si impérieux que les écoles qui en sont privées forment une très-minime exception. Une annexe de la cour de récréation qui, par malheur, ne se rencontre qu'à l'état d'exception, est l'abri couvert, sous lequel peuvent jouer les enfants lorsque le temps ne leur permet pas de rester au dehors. Cet abri est, dans nos écoles, remplacé par le préau servant déjà de vestiaire, de lavabo, de réfectoire, etc. Mais, afin de se prêter à ce rôle multiple, ce préau est fermé de portes et fenêtres, tandis que l'abri en question doit rester ouvert sur toutes ses faces ; il doit seulement protéger les enfants de la pluie, les laisser au grand air et les obliger à constamment courir et jouer si, pendant l'hiver, ils veulent se réchauffer.

Les bancs doivent être bannis des cours de récréation et des abris, ou ne s'y trouver qu'en très-petit nombre. Les récréations, en effet, manqueraient complétement leur but si, pendant leur durée, les enfants s'asseyaient dans un coin pour causer ou lire. Le but des récréations est de forcer les enfants à changer de place, à interrompre leurs occupations, à renouveler l'air de leurs poumons et à rendre de l'élasticité à leurs membres.

Dans un grand nombre d'écoles d'Angleterre, de Suisse et d'Allemagne, les classes ne durent qu'une heure et sont interrompues par une récréation de dix à quinze minutes. Obtenir une heure d'attention soutenue de la part d'un très-jeune enfant est déjà difficile ; quelques instants d'interruption reposent son esprit, modifient le cours de ses idées ; il rentre ensuite volontiers en classe, et se trouve dans de meilleures conditions. Pour pouvoir mettre en pratique cette excellente coutume, il faut non-seulement des cours de récréation, mais aussi des abris couverts ; autrement les élèves se trouveraient trop fréquemment exposés à ne pouvoir sortir à cause du mauvais temps.

Un autre moyen, non moins important, pour assurer le développement physique des élèves, est d'installer dans les écoles des gymnases munis des appareils nécessaires. Toutes les écoles de Suisse, de Belgique, de Suède et de Hollande, presque toutes celles d'Allemagne, d'Angleterre et d'Autriche ont des salles de gymnastique; très-peu d'écoles en possèdent en France; il n'en existe guère dans les écoles de Paris, et leur établissement n'est même pas prescrit pour les écoles à construire. Les exercices gymnastiques jouissent cependant d'une grande faveur en ce moment, et des maîtres les dirigent dans nos écoles primaires; mais ces écoles sont encore privées des appareils spéciaux comme du local convenable, et tout se borne, quant à présent, à des marches, à des manœuvres d'ensemble très-bonnes assurément, mais tout à fait insuffisantes.

Quand on réfléchit aux tristes conséquences de la faiblesse physique chez un homme obligé de gagner sa vie à l'aide de ses bras, on ne s'explique pas comment il est possible qu'un des moyens les plus énergiques pour combattre ce mal, c'est-à-dire l'enseignement de la gymnastique, puisse être négligé. Il est parfaitement reconnu, sans qu'il soit besoin de le démontrer, que les exercices physiques développent la vigueur, la souplesse, et que, s'ils ne donnent pas la santé, du moins ils la conservent à ceux qui la possèdent. Pour un ouvrier, la force, l'adresse et la santé, c'est le travail assuré, c'est la journée bien employée et bien payée; c'est la famille à l'abri du besoin, ce sont les enfants élevés, c'est l'ordre, la propreté, le bien-être au logis; c'est, au point de vue moral, le calme et le repos d'esprit; et, puisque les gymnases contribuent à assurer la possession de tels biens, on ne peut contester l'intérêt, ou plutôt la nécessité absolue qu'il y a d'en installer le plus promptement possible dans toutes nos écoles.

Nos lycées, nos établissements d'instruction secondaire, ont tous, ou à peu près, des gymnases; pourquoi nos écoles primaires seraient-elles moins bien partagées? n'ont-elles pas des droits égaux, ne cherchent-elles pas à atteindre le même but, former des hommes et de bons citoyens ?

Il ne reste plus qu'à dire quelques mots de la forme extérieure donnée aux écoles. Nous admettons, en France, que la façade d'une école doit être simple et modeste; nous avons, pour notre compte, longtemps partagé cette manière de voir; nous en sommes un peu revenus et ne trouvons pas qu'il faille exclusivement réserver pour des théâtres ou des palais la richesse des formes architecturales; une école a bien, elle aussi, droit à quelques égards; il est inutile, sinon fâcheux, de lui donner l'apparence d'une prison ou d'une fabrique, et elle n'en vaudra pas moins si sa façade a d'heureuses proportions, est d'aspect agréable et convenablement décorée.

Nous voudrions, à cette occasion, pouvoir mettre sous les yeux du lecteur les façades de quelques écoles d'Allemagne, de Suisse, de Belgique et d'Angleterre, et montrer quels soins et quel luxe nos voisins apportent dans leurs édifices scolaires. Dans un récent congrès d'instituteurs, un maître d'école suisse disait, avec un peu d'emphase peut-être, mais avec un grand accent de sincérité : « L'école est le palais du peuple, et aucun souverain ne mérite plus que celui-ci d'avoir un palais riche et somptueux. Il faut donner à l'école l'éclat et la recherche qu'exige tout palais, et ne pas seulement réserver le luxe des formes, le confort des installations pour les lieux de plaisir ou la demeure d'un prince ; dans une école conçue et dirigée comme elles devraient l'être toutes, le maître n'a pas seulement pour but l'instruction des enfants confiés à ses soins, il doit viser plus haut et inculquer à ses élèves des principes dont ils garderont le souvenir et qui seront le guide de toute leur vie. »

Mais les paroles, les leçons, seraient insuffisantes pour atteindre ce double résultat. Il faut que les impressions extérieures viennent en aide au travail intellectuel ; or aucune impression n'est aussi puissante, aussi durable que celle produite par le milieu dans lequel chacun de nous est placé. Pour l'enfant, ce milieu est l'école ; c'est là qu'il passe ses jeunes années, époque à laquelle les impressions sont fortes et vives. Aussi faut-il, d'une façon nette, assurée, distinguer la maison d'école de l'habitation de l'enfant ; la séparer des constructions qu'il est habitué à voir, dans lesquelles vivent lui et les siens. L'école doit être pour l'enfant un lieu à part, un monument dont le caractère tranché le frappe et l'étonne. Aucune intelligence n'échappe à l'influence du milieu où elle se trouve ; l'intelligence de l'enfant, plus souple et plus malléable, y est plus sensible encore que celle de l'homme fait, et si les leçons du

maître sont la base de l'instruction, les impressions sont la base de l'éducation.

L'enfant aura, pour l'école, une considération,
un respect qui donnera plus de poids, plus de
sanction aux leçons qu'il y recevra. Tous tant que
nous sommes nous n'avons pu échapper à l'impression que nous cause l'aspect des grands cloîtres,
des grandes basiliques, des couvents, des mosquées
ou des temples, il faut transporter dans la vie
civile pour en tirer parti ce sentiment dont d'autres
ont si bien su faire profiter l'idée religieuse.

De tout ce qui précède, la conclusion est
facile. On a vu ce qui manque à nos écoles,
et ce que nous devons nous approprier du bien
des autres : là est le but, là est le progrès. On nous
fera bien vite une objection, celle de la dépense
devant résulter de la construction de nouvelles
écoles, de l'amélioration des écoles actuelles.

Nous savons ce que vaut cette objection en
face des ressources dont dispose la France et
de même que nous avons en commençant cité
M. Jules Simon, de même en finissant nous dirons
avec lui : « *Si un père de famille se faisait bâtir
des palais et des colonnades et venait nous dire ensuite : « Je ne puis donner des maîtres à mon fils,
» parce que l'argent me manque », comment juge-
rions-nous cette conduite et cette morale?* »

Quand un pays a élevé notre Opéra, il n'a pas le
droit de dire qu'il ne lui reste plus d'argent pour
ses écoles.

IMPRIMERIE ET LIBRAIRIE CENTRALES DES CHEMINS DE FER. —
A. CHAIX ET Cⁱᵉ, RUE BERGÈRE, 20. — 9218-8.